Saila Moilanen

Soljuen sieluni surut

Kustantaja: BoD – Books on Demand, Helsinki, Suomi
Valmistaja: BoD – Books on Demand, Norderstedt, Saksa

ISBN: 978-952-80-2496-5

Sisällys

Pääsky kulta

Jo joutui kevät ja nurmi viheriöi
mutta ei kuulunut iloinen sirkutus,
ei kuulunut siipien suhina,
missä olet pääsky kulta,
ja pienet poikasesi?

Jo joutui tumma lento,
siipien kärjet piirtyen
taivasta vasten, jo joutui
pääsky kulta tuoden kesän
mukanaan, ja pienet poikasensa.

Kaukaa lensin tuolta,
taivaanmeren puolta
pääskynen kertoi.

Jo joutui riemuntäyteinen liverrys
ja iloinen kesäntoivotus, kun
saapui pääsky kulta tuoden kesän
mukanaan, ja pienet poikasensa.

Jo joutui syksy ja puiden lehdet

huokaisten putosivat maahan

ja niin lähti pääsky kulta,

ja pienet poikasensa.

Vei kesän mennessään,

ja muistot sen kultaiset.

Punaiset saappaat,

äidin helmoissa,

isän sylissä.

Kaukaa lensin tuolta,

taivaanmeren puolta

pääskynen kertoi.

Jo joutui tumma lento

pääsky kullan.

Pesäni rakensin

Pesäni rakensin ja poikasia odotin
korkealla oksalla lauluni liversin.
Mutta kesä oli armoton,
ei sadetta viikkokausiin, ei vettä,
ei pisaraakaan, nyt täytyi
käydä mun kuolemaan.

Ei kantanut tuuli, ei kantanut maa,
Luojansa hellin käsin hoivaamaa.

Kas kuulla sait sä lauluni tämän
sille henkeni antoi soinnin suloisen,
ja tuulen siivillä matkustin pois
sillä ilman vettä, nyt täytyi
käydä mun kuolemaan.

Ei kantanut enää tuuli,
eikä kantanut maa,
Luojansa hellästi rakastamaa.

Pieni lintunen laskeutui maahan,
ja kuoli juuri ennen kuin
Taivaat aukeni.

Punarinta ja sinisiipi

Tapasivat kerran keskikesän
aikaan tuo punarinta iloinen
ja sinisiipi suloinen.

Keskustelivat siinä niityn
reunalla hetken verran,
ja Taivaasta liekö puhuivat
punarinta iloinen
ja sinisiipi suloinen.

Ja sinisiipi kysyi minne
Punarinta lensi kun tuulten
teitä kulki?

Ja punarinta kysyi minne
Sinisiipi meni kun syksy
syliinsä sulki?

Siinä niityn laidalla
Punarinta
Ja

Sinisiipi kulta,

auringon jo laskiessa,

liekö Taivaasta

puhuivat.

Syys vei linnutkin

Kultainen on lehväkatto
kultainen on lehtimatto
jo saapui syys kaikessa
loistossaan ja vei linnutkin
mennessään.

Säkenöivin värein
kullanpunertavin,
verhoutui vehreä
maa kunnes routa
puhalsi kylmän
henkäyksen

yli maan ja ruohonkorren
eikä soinut enää laulu
lintujen.

Sielulintu

Suurin haavein tuulen sä nostatit
ja kaihoten katsoen silmiin Luojasi
sä ikiaikaisen viisautesi ammensit,
sekä sateelta rakensit pesäpuun suojasi.

Tule, tule jo henkioppaani!

Tule, tule tummin siivin saattaen

sieluani!

Myös mä suurin haavein mieleni
myrskyt nostatin, ja henkeni tahtoi
matkata Luojansa luokse mutta
aikani ei vielä ollut - sen jo käsitin!

Sielulintu, henkiopas, viisas tietäjä, uutisten kerääjä.

Korppi, rakas ystäväni, Luojansa luoma, niin kuin
minäkin.

Sydän, Mieli ja Henki eli Pääskynen, Kurki ja Joutsen

A. Iloitsen elämästä! Olen täynnä
elämää! Ilman minua et olisi
hengissäkään!

Sydämeni.

Pääskynen laulaa elämästä
ja ilosta, siitä tunteesta jonka
luulin kadottaneeni vaikka se
olikin yhä syvällä, syvällä
sisimmässäni.

B. Olen ajatus, sen kuvajainen
minkä olet työntänyt kauas,
ja haavat, syvätkin minä
käännän voitoksikin!

Mieleni.

Kuten kurki tanssii

aamuvarhain pellolla

niin myös minä

liikun yhtä sulavasti.

C. Kaikkialla, kaikessa minut

voit löytää ja minä täytän

sinun surusi kammiot

suurella rauhalla.

Henkeni.

Minä nousen joutsenen

valkein siivin ylös, ylös

taivaan sineen enkä koskaan,

koskaan saata enää palata.

Tapion vieraana

Kotini lattia on sammalista
vihreänä ja perustukset ovat
kiveä, harmaata ja sileää.

Taloni seininä ovat hongistot
jylhät, korkeat puut ja karkea pinta.

Palatsini kattona ovat sinertävät
salot, ja tuuli kulkee täällä laulaen,
et koskaan täällä yksinäinen ole!

Väinämöisen aikaan

Suruni olen surrut

itkuni olen itkenyt

tummilla saloilla,

känkkyräisten kuusten

juurella, kivisellä mäellä.

Jalkani olen kävellyt kipeiksi

kivisillä poluilla, ja kyyneleeni

olen vuodattanut niin kuin puro

kasvaa kohisten koskeksi, ja

koski yltää järvenseläksi.

Ja kaukaa selän ylitse kiirii

hiljainen huuto, kuikan laulu, kuin

ammoin Väinämöisen aikaan.

Ja edelleen suruni olen surrut

ja itkuni olen itkenyt,

katajaisten katveessa,

järvien rannoilla,

soivilla soilla sekä

sammalvuoteilla.

Vanhus ja lapsi

Vanhus istui tuolissaan surien ja itkien
kumarassa mummi keinui ylös alas,
sinne ja takaisin, kun muistoissaan vanhus
sai matkata Hämeen metsien taakse,
jo lensi sinne aatos armas, kallehin

vaan kun mummi sai pidellä sylissään
nyyttiä, pientä kallisarvoista lasta,
jolla ei ollut takanaan kuin päivä tai kaksi,
niin silenivät jo rypyt mummin poskilta,
ja onnen kyynel kuin hopeinen helmi
vierähti lapsen kiharoille,

ja mummi istui tuolissaan lauluaen ja hyräillen,
lasta pientä suukotellen, keinui ylös ja alas,
sinne ja takaisin, kun sylissään sai pidellä
lasta, lahjaa kallisarvoisinta.

Tuulten matkassa

Omistettu Mikolle

Vielä Taivaan portailla minä käännyn hymyillen ja katson sinua kyynelten läpi

ja sanon sinulle; rakkaani, älä sure sillä nyt sieluni matkaa tuulten mukana.

Minä rakastan, rakastan niin paljon sinua.

Tunteita liian suuria

eli minä introvertti erityisherkkä

Olen hiljainen,

Ethän pahastu

Kun kuuntelen

Keskustelua,

Äänettä

miettien,

Siinä nurkassa

Istuen.

Minä vastaan kyllä

Kunhan olen ajatellut

Läpi kaikki mahdollisuudet.

Et ehkä huomaa minua

Mutta en ole näkymätön!

Vaikka joskus sitä toivoisinkin.

Jos ikinä tarvitset hyvää ystävää,

Kuuntelijaa, vaikka en aina

sanoja löytäisikään,

sillä joskus niitä on

liian paljon,

ja tunteita liian suuria jotta

ne mahtuisivat sydämeeni!

Enkä ehkä saa sanaa suustani,

en henkeä,

sillä suru voi painaa rintaani,

eikä minulla aina riitä voimat

nostaa sitä painoa pois.

Mutta välillä ilo syöksyy

sydämeeni kuin tuhat

sateenkaarta, ja silmäni

säihkyvät kaikissa sen väreissä!

Silloin voisin nousta siivilleni,

ja näyttää sinulle

Mielikuvieni maat!

Rakkaat kanssakulkijat

Iloitkaa, sillä te olette niin paljon enemmän!

Iloitkaa rakkaat kanssakulkijat, sillä teille on annettu kaunis lahja;

näkemisen, kuulemisen ja tuntemisen pohjaton virta!

Pellavapää ja tähtisilmä

(Tarina sisaruksista)

Kuule, kerran kulki tämän maan päällä

sisarukset toisilleen rakkaat, ja pitkin

sinertäviä saloja he kulkivat käsi kädessä,

pellavapää ja tähtisilmä.

Kulkivat he kauas, ja ihmetystä täynnä.

Päivät täyttyivät työstä, ja maaseudun

rauhasta. Iltaisin he istuivat viimeisellä

rannalla, ja mielensä siivittivät

valkeita purjeita veden pinnalla.

Vuodet toivat iloja ja suruja. Niistä

jos kaikista kertoisin, niin kauan

tässä istuisimme!

'Mutta kerro jo, miten kävi pellavapään

ja tähtisilmän', kuulija hartaasti pyytää.

Nyt suru täyttää sydämeni, ei pääty

tämä tarina onnellisesti!

Tuoni tumma vei veljen, surma oman käden.

Siskon vei murtunut mieli, särkynyt

sielu.

Kauan tähtisilmä täällä viipyi,

mutta lopulta jo kutsui veljen

aatos, ja valkea purje veden

yllä.

Naapurin Juho

'Me olimme yhtä, minä ja naapurin Juho. Mutta ei ollut meidän osa jatkaa yhteistä elämää. Sillä tuleen ja tuskaan, vereen jo kastui maa ja savu peitti sinisen taivaan. Sota syttyi, ja naapurin Juho joutui rintamalle. Kotiasi puolustamaan! Kunnia ja sankaruus ovat osasi! Niin ne sanoivat. Ei Juho sinne sopinut, ei tappamaan pystynyt. Ainoana minä tiesin mitä pieni punalakkinen poika kantoi sydämellään sillä ennen lähtöään Juho kertoi minulle jotakin, ja vasta myöhemmin ymmärsin että hän oli tiennyt kohtalonsa ennalta;

"Nyt sitten kutsuu eturintama, ja savuun peittyy taivas sekä maa. Mutta voi rakas Marjatta ! Vielä elämä minussa voittaa ja kotiin minä palaan. Mutta en sinne, minne sydämeni nyt niin halajaa vaan kotiin, kotiin ylös Taivaaseen Kaikkivaltiaan luokse! Älä siis itke, tyttöni sillä meidän kaikkien on kerran kuljettava samaa tietä. Ja minä odotan sinua siellä, mutta älä sinä odota minua vaan tartu hetkeen! Sitten vasta kun elämä jättää tämän maan, minä kutsun sinua, ja yhdessä kuljemme samaa tietä."

Niin lähti naapurin Juho, pieni punalakkinen poika, joka hoiti kerran sairasta pääskynpoikaa eikä tahtonut kenellekään pahaa!'

Niine hyvineen vanhus sulki silmänsä ja nukkui pois. Tuvassa oli hiljaista. Seinällä kello pysähtyi.

Lautturi (matkalla Tuonelaan)

Ruuhi seilaa veden yllä

kuin Tuonen joutsen,

ilman purjeita,

ääneti, se käy rantaan

keula halkoen aaltoja,

ja vanha mies, lautturina sen

veneen usvan harmajaisen.

Mies puhuu äänellä, joka

tuntuu kaikuvan kaikkialta

eikä kuitenkaan mistään;

'Käy vetten yli, kelpo mies!

Kohti Tuonen tupia,

siellä maljas juo!'

Hiljainen on Tuonelan

musta virta, jo hämärtyy ajan

taju, ei ole menneisyyttä

ei tulevaa, vain verkkaisesti

virtaava vesi, musta kuin

pimein yö vailla tähtiä.

En osaa kertoa lautturin ikää,

tahi sitä, onko hän itse elävä vai

kuollut, kenties siinä rajalla

häilyvä henki, mutta Tuonelan

joutsenta tämä olento kielsi

tiukasti surmaamasta, tahi

siitä suuri suru seuraisi.

Kivikkoinen on rantaviiva,

ja kalliot kohoavat yllämme

ei tänne auringonvalo yllä,

vain ikuinen tuli palaa

soihduissa kallion seinämillä.

Hiljaa, ääneti, purjeitta

veneemme lipuu rantaviivalle,

ja lautturi joka on ollut

seuranani tällä matkalla

puhuu toisen kerran;

'Käy tästä eteenpäin,

kohti tuota siltaa joka

vie saarelle, Tuonen tupaan,

Tuonettaren saleihin, jossa

sinua kultainen juoma jo vartoo.'

Lautturi ei hymyile, ei naura,

hänen valkeat kasvonsa

näyttävät liikkumattomilta,

kuin itse peruskallioon veistettyinä.

Hän on kuljettanut lukemattomia

sieluja jo kauan ennen minua,

ja jälleen hän lähtee

uudelle matkalle,

täyttämään tehtäväänsä,

loputonta.

'Maljas joit ja

Tuoni sinut vei.'

Tätä toistaen lautturi

irrottautuu kivikosta,

ja ääneti lipuu

vedenpintaa,

kadoten

kauas,

ja Tuonelan

joutsen

puhkeaa

laulamaan.

Korpin laulu

'Heijaa heijaa, tuuli laulua kantaa.

Seijaa, seijaa, kuka siellä laulaa?'

Korppi iätön istuu korkealla oksalla,
ja viisaasti puhui, minulle kertoi
Tapion tarinoita.

Siipiään räpäyttäen, mustat sulat
vielä siistii, ja tanssin villin aloittaa
valkealla hangella.

'Heijaa, heijaa, tuuli korppia kantaa.

Seijaa, seijaa, metsien näkijää siellä laulattaa.'

Elon pitkä taival

Harmaa vanha rakennus seisoo pellon laidalla

aikaa uhmaten, ja säiden armoilla.

Hopeinen usva nousee peltojen ylle,

kun yksinäinen kulkija seisahtuu tielle.

Hiljaisuus valtaa mielen, jylhät kuusikot

reunustavat peltoaukeaa, ja kiirunan

valitus kiirii edeltä.

Tällöin kulkija saattaa matkata usvan

läpi ajasta, ja paikasta toiseen.

Silloin kultaiset pellot tuulessa tanssivat,

ja tien varrella kukat nauroivat,

kuin iloinen sateenkaari.

Naiset kulkivat pellon piennarta,

hameenhelmat tuulessa kuin purjeet,

värikkäät huivit hartioillaan, ja aurinko

hiuksillaan kuin kruunu kutreillaan.

Iloinen tervehdys kohtasi tulijoita,

peltotöistä palanneita.

Pannukahvin tuoksu

täytti suloisen kesäillan.

Jälleen yksinäinen kulkija seisoo

pellon laidalla, ja kaikkialla on

hiljaista. Turhaan matkaaja kutsuu

naisia, ja hameenhelmoissa nauraneita

lapsia. Työn raskaan tekijät eivät

enää katso takaisin, turhaan heidän

katsettaan enää etsit.

Ja harmaa rakennus seisoo

yksinäisenä ja surullisena,

kunnes lopulta sortuu,

niin päättyy elon pitkä taival.

Ja ylikasvaneen heinikon joukosta,

raunioiden juurelta, näkyy pieni

rautainen risti.

Ei kanna auringon punakulta

Muistojen kivet vieritysten,

seisovat suorassa, toiset nojaten,

ikävän sanat eivät lohtua suo,

kullatuin kirjaimin, ei aika takaisin tuo.

Eivätkä unohdusta anna sinikellot,

eikä siivetöntä kanna,

auringon punakulta.

Syvä rauha, unenomaisuus.

Silmäluomet raskaat näin painuu,

jo elon iltarusko saapuu.

Puro

Pieni metsäpuro solisee verkkaisesti,

yltyy paikoitellen laulamaan

yli kivien ja sammaleen,

ja niin kuin vesi hioi ajan saattelemana särmät kivistä,

niin myös minä annan puron parantaa,

soljuen sieluni surut.

Pukekaa minut valkoisiin

Surekaa jos surettaa,

itkekää jos itkettää

mutta huolet pois

mielestänne heittäkää!

Surujuhlan näin

iloksi kääntäkää!

Älkää vaipuko mustiin

mietteisiin tahi tummiin

vaatteisiin

vaan

pukekaa minut valkoisiin,

arkkuun lumivalkeaan ja

liljoin hennoin minut

kukittakaa.

Mutta

punaiset ruusut rinnalleni

laskekaa, verenpisarat

kuulasta ihoa vasten,

maallisen elämäni

viimeisenä

muistona.

Pois apeus, pois katkeruus!

Riemuitkaa suuresti sillä

olette saattamassa minua

viimeisellä matkallani

Taivaaseen,

Ja minun on hyvä olla.

Ja minä odotan teitä

siellä.

Suuresti rakastettu

Hämärän sävyt muuttuivat sinertäviksi ikkunan takana illan hämärtyessä. Iloinen, miltein riemukas nauru kulki huoneesta toiseen seuratessani hämmästyneenä kuinka pieni, vaaleahiuksinen tyttö, tanssi ovelta ovelle. Tyttö pysähtyi sänkyni päätyyn ja hymyili niin että hymy valaisi hänen jo ennestään niin kirkkaita kasvojaan.

'Isä pyysi minua tänne, sinun luoksesi, sillä Hän halusi sinun tietävän että olet suuresti rakastettu.' Olin juuri avaamassa suutani kysyäkseni lisää kun tyttö nauroi jälleen, ja se nauru oli kuin sadepisaroiden putoileva ääni tuulikellon soidessa. Tyttö katsoi minua ja käänsi yhtäkkiä katseensa ovelle hymyillen.

'Isä on täällä. Etkö tunne Hänen läsnäoloaan?'

Katseeni vaelsi tyhjässä huoneessa jota valaisi ainoastaan tytön sisäinen hehku, kuin lepattava kynttilä hämärässä. Tyttö nosti sormensa huulilleen kehottaen hiljaisuuteen. Sitten, yhä hymyillen, hän tarttui minua kädestä kiinni. Hänen kätensä oli läpikuultavan valkea ja tuntui säteilevän lämpöä sekä valoa. Hiljainen, arka kuiskaus nousi hiljaisuudesta. 'Isä?' Valtaisa, puhdas riemu valtasi sydämeni. Huone hämärtyi, aika ja paikka menettivät merkityksensä. Kuinka saattoi olla että huomasin yhtäkkiä katselevani taivaan sineen ja vaikeisiin pilviin? Jossain lauloi pääskynen riemuiten.

"Rakas lapseni, sinä olet kutsunut minua monesti luoksesi tietämättä että minä en ole koskaan sinua jättänytkään. Minä olen aina ollut luonasi. Minä olen kaikkialla, ja kaikessa. Minä olen rakkaus. Sinun sielusi on puhtainta mitä tässä maailmassa on, samoin kuin on jokaisen lapseni sielun laita."

"Sinä olet suuresti rakastettu."

Muistojen tiu'ut

Jo siintääpi muistojen veet, jo odottaapi mua kultaiset reet,

ja aisankellojen soitto ja tiu'ut somat, ne heliseepi ilmassa

kuin lapsuuteni omat.

Aamutar kotini kynnyksellä

Seison mä kotioveni portailla kun aamu jo käypi kulkuaan

ja mua vastaan tuli, hiukset kuin auringon kulta, pukunsa

hopeaisista kudottu ja kenkänsä kasteella vuorattu,

ja näin lausui mulle aamun lapsi; "Miks' onneton sä olit?

Jo uus päivä koittaa ja riemu sun sydämes' raskaan voittaa!"

Näin lausui minulle Aamutar kun seisoin mä kotioveni portailla,

ja riemusta tanssien katosi hän kera nymfien ja keijuen.

Arvokas ajatus

Mitä on sen rinnalla maallinen valta taikka mammona

kun voisit pidellä kämmenelläsi ikuisuutta, pientä perhosta.

Puutarhassa ikiperhosten

Kerran sain kulkea niityillä Jumalan, unissani sinne
matkasin ja paljainvarpain ikiruoholla astelin. Keltaiset kukat
siellä kukkivat, kuolemattomat kuin kultaiset tähdet, ja paljon
kauniita perhosia siellä tanssi, lentäen ja kaartaen, välkkyen
eri väreissä. Siellä ei kylmä kangistanut siipiä, ei routa vienyt
kukkia.

Kerran kuljin niityillä Jumalan, paljasjaloin,

kukkia jalkojeni juurella ja perhosia hiuksillani.

Unessa, unessa sinne kuljin, toiste

en ole sinne löytävi tietä.

Perhosniitylle, puutarhaan Jumalan.

En ennenkuin voin laskea sieluni

Herran huomaan.

Kultaa, kultaa

Kultainen vilja

kultainen tukka,

kaste kutreillaan

kuin helmet kruunussaan.

Rakkaus on kaikenkattava voima

Hiljennyn. Rukoukseen. Kuuntelen sisintäni.

Pientä lasta sisälläni. Vielä on toivoa, vielä

on elämää. Rakkaus voittaa. Hiljennyn. Kiitokseen.

Sanansaattaja

En tahtoisi olla osa tätä maailmaa jossa vain

raha rattaita pyörittää.

En tahtoisi olla muuta kuin olen, en piilottaa

todellista minääni.

Luojani minut sellaiseksi teki, rakkauden ja

rauhan, hiljaisuuden ja myötätunnon sanansaattajaksi.

Kerran Kuutar kertoi

Hopeaiset, silkkiä on hiuksensa, tummat silmänsä kuin

kaukaisimmat tähdet.

Kuka olet vaeltaja? Mistä saavuit, minne olet matkalla?

Kuun lapsi olen, Kuun tytär, ja lohdun vain iltahämärä mulle

suo.

Miksi iltaisin sä surumielin katsees taivaalle luot?

Kutsuiko Kuu, äiti, emo armas?

Minulla ikävä on, Kuun loiste on loputon, vaan hylännyt ei

lastaan

kun saattoi mut matkaan sillä näin sanoi minulle Kuutar;

'Tässä sinulle hopeamalja hiuksillesi, ja tähdistä

vyö katseellesi, sekä tärkein kaikista, vaeltaja sielullesi.'

Sinä levon annat, lohdun suot, mulle pyyteettömästi

kaiken tuot.

Kuutar katsoi lempein silmin tytärtään, olemme kuin

kaksi kiertotähteä radallaan.

Kutsuiko jo Kuu, Kuutar soma, joka on tähtien oma.

On aika, ystäväni

Olen hiljainen, en aina puhu sanoin, en äänessä ole liioin.

Kuljen minä haaveillen vaan yhtä löydä en, sillä vain

sisältäni etsien voin kuulla kuiskauksen; on tullut aika hiljaisten

jo nousta ylitse pelkojen!

Sinirinta, sulosiipi, laululintuni oma

Laululintu, ystäväni lauloi keväästä,

syntymästä ja siitä miten kaikki alkoi.

Sinirinta, sulosiipi pienet olivat poikasensa.

Kevät koitti, laulun toi, laululintuni laulu

puussa koreasti soi!

Laululintu, ystäväni lauloi kesästä,

onnen pesästä ja siitä miten kaikki oli.

Sinirinta, sulosiipi jo siivillensä nousi

ja emo, äiti laululintu, onnen kattomme alle toisi.

Kesä kesti, laulun antoi, laululintuni laulu

puussa koreasti soi!

Laululintu, ystäväni lauloi syksystä,

lähdostä ja siitä mihin kaikki jäi.

Sinirinta, sulosiipi jo meidät jätti,

ja viimeisenä emo, äiti laululintu

laulun vei ja lähti.

Syksy alkoi, laulun kantoi vaan ei laululintuni

laulu puussa enää koreasti soi.

Ajan piiri

Jo hiljenee mieli ja tummenee ajan piiri

mut kaiku kaikkien muistojen, laulu sen,

yhä koreasti soi sun tunteiden.

Othellon monologi

Siinä makaa hän, niin viaton ja puhdas!

Vaan synnistä ovat käteni likaiset,

en saata enää elää!

Voi kalliisti sai hän maksaa tulisen luonteeni!

Vaikka osoittanut olen mä suuruuteni ja

rohkeuteni sotaisilla retkilläni, silti kääntyi

näin syvä rakkauteni hulluudeksi!

Rakas Desdemona, sinä saat kulkea nyt

rauhassa, sydän puhtaana ja sielusi vapaana!

Vaan katso ei Desdemona koskaan enää

rakastaen minua!

Vereni siis pesköön syntini sillä voi, kalliisti

sai hän maksaa tulisen luonteeni!

Kuun tytär

Kutsun hämärää, levollista ja kaikista rakkainta

mulle lohdun ja levon antamaan!

Vain tähtien valo on mulle lempeä, vain yön lintujen

laulu on mulle mieluisin!

Minä olen Ilta, Kuun tytär, Kuutar on äitini

ja hänen hopeainen valonsa käy ylleni kuin

peitto, ja lempeästi iltatuuli keinuttaa minua

kehdossaan.

Hänen lempeä äänensä mua muistuttaa;

'Ethän sä koskaan voi itseäsi kadottaa!

Muista tähdet, muista Yön linnut!

Ne lapsilleni annoin suureksi iloksi!'

Olen Ilta, Kuun tytär, ja yön hämärä on

minulle rakkain.

Etsijä

Hän syntyi iloisten tähtien alla, punaposki ja naurussa suu.

Hän nukkui äidin kehtolauluun kukkivien omenapuiden alle.

Hän tanssi vehreillä kedoilla kisaillen perhosten kanssa.

Hän näki edessään, ei vain yhtä tietä, vaan eri
mahdollisuuksien

monet polut.

Tuli hänen sisällään ei koskaan himmennyt vaan alati muistutti

siitä että hänen sielunsa on ikuinen.

Hän kokeili yhtä ja toista, kolmattakin vaan kauan ei hän
koskaan

pysynyt samassa paikassa. Sillä hänen sielunsa palo ajoi häntä

eteenpäin.

Unohda murheet, unohda surut, sillä sinun päiväsi täällä ovat oleva

onnelliset ja kotisi taivaassa, siellä on oleva autuus ikuinen.

Etsijä ei eksy tieltä sillä hän löytää aina uuden polun, uuden salaisen portin.

Hän nauroi kilpaa auringon kanssa, ja antoi sateen suudella kasvojaan.

Hän eli ja rakasti, hänen sielunsa kirkkaus loisti kuin kynttilä kun

hämärä laskeutui mökkinsä pihaan, ja siellä hän istui yksin, kun kaikki

muut olivat jo kauan sitten menneet.

Nyt on tullut minun aikani mennä, hän ajatteli. Tuli sielussaan poltti

läpi maallisen murheen.

Etsijä saapui viimeiselle portille, jonka takana siinsivät ikivihreät nummet

sekä purppuraiset kukat. Siellä hän nukkuu hiljaisten tähtien alla,

punaposki ja hymyssä suu.

Ilman sanoja

Me avarramme sydäntämme kohti avaruutta sillä se on yhtä kuin

sielumme koti, me kysymme neuvoja tähdiltä sillä kerran saimme ammentaa

niiltä viisautta. Me iloitsemme pikku linnuista sillä ne muistuttavat meitä

taivaasta. Me hiljennymme ihmetyksen vallassa kuuntelemaan meren laulua

sillä se toistaa yhä ikivanhaa sävelmää, jolle emme löydä sanoja.

Mitä jäljelle jää

Vain kuolemassa lauluni soi korkeimman kautta,

vain kuolemassa sanani saavat suurimman merkityksen.

Lasisydän

Murtuneen voit paikata mutta aina on oleva säröillä, lasisydän.

Kauneuden kaipuu korkeuksissa

Eikö olekin totta, että yön jälkeen koittaa aina uusi aamu,

ja linnunlaulu on vain kaipuun harras soitto sydämessä?

Kaipuu kauneudelle, joka ei ole tästä maailmasta, vaan

korkeuksissa Luojansa luona.

Nuoren sydämen ylistys

Tule, tule jo takaisin, nuori minäni, tule luokseni kaikessa

riemussasi, laulaen ja tanssien ihan niin kuin lapsena.

Syleillä maailmaa, avoimin käsin, ne pitävät minua hulluna,

niin voi kyllä, hulluna elämään, sydän janoten kauneutta

siksi sanon heille, Olkoon niin!

Tule, tule jo takaisin nuori sydämeni, tule luokseni kaikessa

loistossasi, laulaen ja tanssien ihan niin kuin lapsena.

Nauraen ja iloiten, hymyillen auringolle, ne pitävät minua
hupsuna,

niin voi kyllä, hupsuna onnesta, siksi sanon teille, Olkoon niin!

Ei ole aikaa

Kun minua ei enää ole, ei ole aikaa sanoa mitä sanomatta jäi.

On vain taivainen, autuas ikuisuus.

Kun minua ei enää ole, ei ole mahdollisuutta tehdä mitä

tekemättä jäi.

On vain taivainen, autuas ikuisuus.

Rakasta siis nyt, iloitse ja naura. Itke jos itkettää.

Se kannattelee sinua, kaikki rakkaus.

Hiljaa hongistossa huokaili

Tuli tiellä vastaan nainen kantaen sylissään pientä poikaa,

kultaiset kiharat lepäsivät pojan kasvoilla, jotka Tuoni oli

verhonnut kuoleman varjolla. Nainen lauloi itsekseen,

hiljaa hyräillen, hän lauloi särkevää sydäntään ja pientä

poikaansa, joka viimein oli päässyt pakoon suurta

nälänhätää. Ei ollut äidillä antaa ruokaa vaikka itse itki
nälkäänsä

yön katkerina hetkinä. Nyt sai hän, uupunut sielu, laskea
poikansa

haudan lepoon, ja lapsen mukaan laittaa viattomuuden valkeat
kukat.

Pieni mustarastas siihen lennähti, puun oksalle istahti. Ei
laulanut,

ei livertänyt tuo ilolintu, vaan nyt muisti pientä poikaa, joka
lepäsi

puun alla, lumenvalkoisten kukkien ympäröimänä. Ja surussaan

äiti kulki, askel kävi raskaaksi. Oli tupa hiljainen ja tyhjä, jo
pysähtyi

seinäkello. Oli mennyt isä, ja kolme lasta, viimeisenä
pellavatukka.

Talon kissa oli lähtenyt, ei kehrännyt pieni nöpönenä. Äiti laski itsensä

makuulle, ja silmänsä sulki. Sydän viimein petti, ja nälän hän jätti

taakseen. Tuvan ikkunat olivat pimeät kun tuuli hiljaa hongistossa huokaili.

Tuonelan emännän vieraana

Tuonelan emäntä seisoi talonsa portailla, ihonsa hopeaisena kuin kuun kalpea kajo ja hiuksensa tummat kuin yön syvin varjo. Silmät hänellä olivat kuin kaksi pohjatonta syvyyttä, ja huulensa tummanpunaiset kuin villiruusut syksyn saapuessa. Talon rappuset sekä lattia olivat helmiäisvalkoiset ja kylmät kuin routainen maa jään alla. Silti Tuonetar käveli paljain jaloin, ja hänen jokaista askeltaan merkitsi huurteinen jääkukka. Talon seinät olivat mustaa jadea, kiiltävää ja heijastavaa kuin aikojen alussa tähdetön taivas. Siellä täällä paloi muutama soihtu joiden kellertävä valo loi varjoja jotka tansahtelivat askeltemme edellä, sinne ja tänne, aina kuitenkin palaten takaisin. Kattoa en erottanut, sillä seinät tuntuivat jatkuvan loputtomiin. Viimein saavuimme suuren salin perälle, jossa sijaitsi mahtava tammipöytä, jonka jalkoihin oli veistetty Tuonelan joutsen. Sama hahmo oli kuvioitu taidokkaasti tuolien selkänojiin. Tuonelan emäntä kääntyi hymyillen puoleeni pidellen samalla käsissään kultaista pikaria ja lausui; 'Ken tästä maljasta juo, jättää kaikki maalliset murheet taakseen. Rakas sielusi pääsee vihdoin vapauteen. '

Tuonetar, silmiensä katse oli tutkimaton mutta samalla niin äidillisen lempeä että tarttuessani tarjottuun maljaan kasvoilleni nousi pitkästä aikaan hymy, joka valaisi poskilleni valuneet kyyneleet. Kyyneleet, jotka putoilivat nyt maljaan kuin kirkkaat helmet. Maljaa reunustivat lentoon lähteneet joutsenet, ja se tuntui lämpimältä käsissä. Tummanpunainen juoma virtasi jokaiseen jäseneeni tehden oloni raukeaksi. Tähdet syttyivät ylös taivaalle, vai oliko se sittenkin Tuonelan tuvan katto? Jossain kaukana Tuonelan joutsen puhkesi laulamaan. Ja Tuonelan emännän silmät hymyilivät minulle usvaverhon takaa.

Karhun kansa

Sanovat on ajan virta muuttumaton

vaan silti sitä katsoo itse iätön,

Karhun kansa, Otson lapset,

Mesikämmen, äiti Karhu, metsän

tupahilla laulunsa kun laulaa, niin muuttuu muuttumaton,

itse Tuonelan virta seisahtuu,

sekä taivaankannelta kuu laskeutuu

ja jälleen on oleva

Karhun kansa, Otson lapset;

kyynelittä surussaan,

iäti onnessaan.

Ilmatar

Tervehdin aamua, impeä ihanaa, tuulen tupahilta Impi Ilmatar laskeutui,

vesille sinisille, laineille tuuditellen, sotkaa sorjaa polvellansa.

Suloinen on aamu kuin Ilmatar, milloin maailma

luotiin, vaka vanha Väinämöinen antoi lapsillensa laulut väkevät,

loitsut ikiaikaiset, Sammon sirpaleet, ikuisen onnen takeet.

Terve, Ilmatar, tullut tuulten tupahilta,

ikuisen ilon laitamilta!

Terve tullessa!

Omakuva

Se on enemmän kuin pelkkä

kuva, se on hetki ajassa,

muisto, ajatus ajelehtien avaruudessa,

ja mikä tärkeintä, se on muistutus,

rakasta ensin itseäsi.

Sitten, vasta sitten, voit antaa

täydestä sydämestäsi.

Tahto ja taito

Minä olen sinut itseni kanssa.

Tunteeni virtaavat lävitseni

kuin tuuli käy puissa,

vaan minä sanon niille,

menkää ja tulkaa, vapaasti

kulkekaa vaan tämä tietäkää,

teillä ei ole voimaa yli sydämeni,

enää ette voi ylleni varjoa heittää!

Minulla on tahtoa,

sekä taitoa

olla hiljaisesti läsnä.

Kehdosta hautaan

Ei herkennyt hetkeksikään uutteran käsi,

veden hakemiselta, polttopuiden keräämiseltä,

kehräämiseltä, kutomiselta, lapsen tuuditukselta.

Ei väsynyt hetkeksikään ahkeran käsi,

padan ääreltä, sairaan lapsen sängyn laidalta,

kaiken tämän nainen jaksoi, kesti ja kärsi,

ainaisen puutteen ja synnytyksen.

Ei seisahtanut hetkeksikään hiljaisen käsi, uupui lopulta sydän,

väsyi herkin mieli.

Kehdosta hautaan, haudasta ikuisuuteen.

Niin pysähtyi viimein tyttären, vaimon, äidin käsi,

naisen joka on nyt noussut ajan hämärästä katsomaan meitä,
ja minä voin sanoa,

kiitos teille kaikille, esi-äidit ja naiset,

kiitän teitä koko sydämestäni.

Sillä ilman teitä en olisi täällä minäkään.

En yhtä vapaana kuin nyt olen.

Taivaanmeren lentävät jalokivet

Taivasmeri on sinisen kuulas, raikas ja kirkas,

niin valkeat pilvilaivat purjehtivat tuulessa,

ja vastatuuli käy niihin kuin aallot laivan keulaan,

ja taivaanmeren lentävät jalokivet, valkeat lokit,

merenkulkijoiden ikuiset ystävät, liitelevät vierellä

sulavasti matkalaisten iloksi.

Olemisen sietämätön kipeys

Synnyin kuolemaan.

Elin elämääni kuollakseni,
lopulta.

Jokainen hetki voi olla
joko ensimmäinen tai
viimeinen.

Ahdistuin koska tiedostin
kaiken niin elävästi,
peilisolut heijastivat kaiken
takaisin, tuhat kertaa
voimakkaammin.

En kestänyt
vihamielisyyttä,
en välinpitämättömyyttä,

surua toivat nälänhätä, taudit

ja loputon luonnon riisto.

Unissani

kalat kuolivat

vihreään veteen, ja

linnut tuhkehtuivat

savusumujen eteen.

Iltaisin uskoin

olevani liian herkkä

sielu kuuluakseni

tähän ihmiskuntaan.

Me ryöstämme ja

tuhoamme Äiti maan.

Minun kyyneleeni eivät

riittäneet tuomaan sateita

rutikuivan maan suojaksi.

Jumalani, oi Jumalani!

Synnyin kuolemaan

ja kuolen elääkseni,

ikuisesti sinussa.

Mutta kuka voisi

pelastaa sen

mitä jälkeemme

jää?

Keijut hänet kai veivät

Ne kuiskivat ja katseita luovat,

hän omaa salaista tietoa,

on nähnyt salatun valtakunnan,

keijut hänet kai veivät, ja rikkauksilla

kaulansa sekä hiuksensa koristivat.

Ne kuiskivat ja ihmetellen toteavat

häntä tuntuu ympäröivän hiljaisuuden

ja mielenrauhan aurat, ei maanpäällisen

elämän surut häntä paina.

Hän hymyillen huokaa hiljaa,

voi hiljaisuus olla parempi

kuin tuhat tyhjää sanaa.

Itketkö sinäkin, Jumala?

Taivainen autuus,

sinisessä ja valkoisessa

enkelin valo,

ja siltikin vain

heikko kipinä rinnalla

Jumalan lapsien.

Kuin kynttilänliekki

nuotion hehkun rinnalla.

Entä jos lapsesi kääntyvät pois luotasi?

Entä jos maailma liikahtaa

sielujen huokaistessa raskaasti,

Sinun kaiken näkevän katseesi

alla?

Entä jos lapsesi eivät kuule sinua?

Tai enkeleitäsi.

Entä jos lapsesi vääristävät

Sinun sanomaasi?

Nyt ristin käteni rukoukseen.

Pieni hento kuiskaus

Taivaan Isän edessä,

suojelusenkelini vierellä

vain yksi arka kysmys,

Itketkö sinäkin, Jumala?

Lupaus jonka annoin

Levon hetki on tullut

uneen hiljalleen vaivut,

ikkunasi alla

valkean perhoseni siivet

unihiekasta kimmeltävät,

olen tullut takaisin, hetkeksi,

muistatko vielä lupauksen jonka annoin?

Nuku siis, uneen rauhaisaan, missä

kaikki murheesi vaipuvat unholaan.

Nuku siis ja uneksi kaikesta kauniista

josta sinulle nyt kerron.

'Valkeat pilvet kuin taivaan pylväät,

helmiäistä poskilla, timantteja vyöllä,

kultapölyä hiuksilla, rauha ainainen sydämellä.

Miten pitkälle katseesi luotkaan, niin aina näet

ikikukkia loistossaan, virvoittavan veden virtaavan

uomassaan. Täällä on hyvä olla, on suru ja tuska poissa.

Mennyt elämäni oli kuin herkkä haiku,

vaan nyt soi ikuisuuden riemuisa kaiku!

Nuku siis, rakas pikkuveli. Minun on aika jo mennä.

Kauas siintää perhoseni lento. Vieläkö muistat,

lupauksen jonka annoin rakkaudesta?

Tulla takaisin kertomaan sinulle Taivaasta.'

On aika

Kuka antaa sielunsa

vaihtaen sen tavaraan,

sekä valtaan, kultaan

kimaltavaan?

Kuka tyhjyyden voisi

sielussa täyttää?

Kuka surun voisi

sydämestä tyhjentää?

Tänä aikana, tässä ajassa

me kuljemme läpi elämän

vailla päämäärää, vailla merkitystä.

Voi Jumala, kuule minua!

Tahtoisin ravistella

ihmiskuntaa olkapäästä;

Herätkää jo!

On aika nousta ja jättää katkeruus

unohtaa viha, sota ja kärsimys!

On jo aika herätä ja avata ovi

rakkaudelle, toivottaa rauha

pysyvästi vieraaksi.

On vihdoin koittanut aika ojentaa auttava käsi,

antaa enemmän kuin ottaa, lahjoittaa hymy,

sekä kääntää sielumme korkeuksiin

laulaen kiitosta Luojan!

Lintujen ystävä

Hän on lintujen ystävä

tuulten teitä kulkeva,

pieni keiju, metsän haltia.

Ei maiset murheet

sydäntään saa lannistumaan,

vaan vielä silmistään

taivainen kirkkaus

laulaa hiljaa

kiitostaan.

Jokainen päivä kuin viimeinen

Elä jokainen päiväsi kuin

se olisi jo viimeinen,

hetken ohikiitävän

onnen kultaisen,

luoksesi kutsuen.

Sillä

ei onni tupaan

kutsumatta

astu.

Eikä surukaan vierahitta jää,

kertoen näin meille

mikään ei ole pysyvää,

silti saamme Luojaa ylistää.

Kun minun on mentävä ja pois

maallinen annettava, ei silloin

tupaan jää Suru vaan Ilo, sekä

sieluni kirkkaan ja hehkuvan,

näet kauas pois kannettavan.

Kuin västäräkin hyppy

Mikä kuvaisi osuvammin sielujemme maisemaa kuin raikkaan kuulas aamuhetki,

kastepisarat ja västäräkin hyppy. Sekä auringon viitoittama hiekkatie,

joka kiemurtelee läpi laajojen peltojen kuin nauha morsiamen hiuksissa nauravaisen.

Tähtipölyä

Ajan virtaa kulkiessani olen tähtipölyn hiekkaa. Sieluni on kuin lehti tuulessa, olen odottanut tätä matkaa. Katso toisin, katso sydämelläsi. Älä odota minua takaisin, sillä en ole koskaan lähtenytkään. Osa minusta vielä viipyilee täällä missä kerran nauroin, elin ja rakastin. Nyt se kaikki on tähtipölynä tuulessa.

Sortuisiko sydämeni tahdosta

Isä,

sinä annoit minulle sydämen

liian suuren, liian vahvan,

jotta maallinen tomumajani kestäisi.

Isä,

sydämeni on liian väräjävä,

kuin tuulessa alati liikkuva,

värisi hiljaisuudessa.

Isä,

maallinen vaellukseni, matkani,

sortuisiko sydämeni tahdosta,

mieleni kehysten murtuessa,

kaipuu sielun vapaudesta,

löytyy annetussa lahjassa.

Isä,

anna minulle voimaa kantaa

sydämeni sietämätön keveys,

anna minulle ymmärrystä

kestää sen menetys,

sekä anna minulle viisautta

päästää irti kun sen aika

on tullut.

Tyttäreltä isälle

Omistettu isälleni

Sinun sielusi surut,
piilotetut kyyneleet,
puhumatta jääneet sanat,
kaikki se jäi jälkeesi.

Ojentaisitko kätesi, tällä kertaa,
kuin pelastusta hakeva, etkä
jäisi yksin surusi kanssa?

Tyttäreltä isälle.
Kaikista rakkaimmalle.